1 Double dans
Femmes de Javotte Z+ 251
                              (4)
27
Ln 12988
  A

DISCOURS
PRONONCÉ,
Le Mardi 1 Octobre 1771, en l'Eglise des Religieuses Carmélites de S. Denys,

POUR LA CÉRÉMONIE
DE LA PRISE
DU VOILE DE PROFESSION
DE MADAME
LOUISE=MARIE
DE FRANCE.

Par Messire ARMAND DE ROQUELAURE, Evêque de Senlis, Premier Aumônier du Roi, Conseiller d'État Ordinaire, & l'un des Quarante de l'Académie Françoise.

A PARIS,

Chez AUG. MART. LOTTIN aîné, Imprimeur-Libraire Ordinaire de Mgr le DAUPHIN, de la VILLE & de l'Ordre des CARMÉLITES, au Coq & au Livre d'Or.

M. DCC. LXXI.
AVEC APPROBATION ET PERMISSION.

DISCOURS
POUR LA CÉRÉMONIE
DE LA PRISE
DU VOILE DE PROFESSION
DE MADAME
LOUISE-MARIE
DE FRANCE.

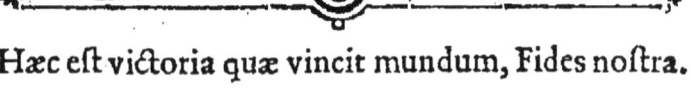

Hæc est victoria quæ vincit mundum, Fides nostra.
Cette victoire, par laquelle le monde est vaincu, est l'effet de notre Foi. I. Ep. de S. Jean, Ch. V, ℣. 4.

ADAME,*

LE MONDE peut donc être vaincu ; mais il ne peut l'être que

* Madame la Comtesse DE PROVENCE.

A 2

par la Foi : elle seule, en communiquant à l'homme une force surnaturelle, lui donne le pouvoir de braver les puissances de l'enfer conjurées contre lui. L'Église a vu, dans tous les temps, ces triomphes de la Foi ; & le lieu même où je parle, en présente à nos yeux les témoignages les plus éclatants & les preuves les plus sensibles. O Béthléhem, terre de Juda ! ô Cité qui, comparée à la superbe Jérusalem, ne paroissez qu'un point, vous n'êtes pas moins distinguée entre les principales Villes de Juda [a] ! vous êtes le brillant théâtre des deux victoires les plus mémorables que la Foi ait remportées sur le monde, dans toute l'étendue de ce vaste Empire, & les plus magnifiques trophées sont renfermés dans votre enceinte [b] !

[a] Bethlehem, terra Juda, nequaquàm minima es in principibus Juda. *Matth. II*, ℣. 6.

[b] Gloriosa dicta sunt de te Civitas Dei. *Psal.* LXXXVI, ℣. 3.

Il faut, dit S. Augustin[c], vaincre le monde avec toutes ses illusions, ses terreurs & ses charmes. L'Apôtre de la France a vaincu le monde armé de toutes les terreurs qu'il inspire : LOUISE DE FRANCE a vaincu le monde embelli de toutes ses illusions & de ses charmes.

Le saint Apôtre a sacrifié, sans balancer, une vie passagère, pour s'assurer une gloire immortelle. Le Ciel a couronné ses vertus, & la Terre lui offre son hommage; une Ville, née de ses cendres, se glorifie de porter son Nom; un Temple fameux est son Mausolée; & le monde, autrefois son persécuteur, vient révérer, en suppliant, les restes précieux de sa dépouille mortelle.

Une Vierge chrétienne, renonçant aux avantages d'une Nais-

---

[c] Cum omnibus amoribus, terroribus, erroribus suis vincatur hic mundus. *S. Aug. Libr. de Corrept. & Gratiâ.*

sance Royale, vient ensevelir dans l'ombre du Cloître les dons les plus signalés de la nature & de la fortune ; élevée dans la mollesse & le faste des Cours, elle se dévoue aux saintes rigueurs d'une austère pénitence ; assez heureuse pour avoir pu goûter, malgré la grandeur même, le sentiment si doux de l'amitié, elle rompt les nœuds les plus forts pour s'attacher toute entière à son Dieu ; chérie du Père le plus tendre, elle a pu quelquefois défendre l'innocence opprimée, consoler la vertu gémissante, répandre ses largesses dans le sein de l'indigence ; qu'il en coûte à une ame sensible, pour s'enlever à soi-même le pouvoir de faire des heureux !

Malgré la juste admiration que vous inspire la démarche héroïque de LOUISE DE FRANCE, peut-être admirez-vous plus encore le courage du Héros Chrétien ; affronter la mort & toutes ses horreurs, vous paroît sans doute le plus grand des sacrifices; cependant, sans affoiblir les justes hommages dus à ces Ames généreuses que l'Église naissante voyoit accourir en foule, pour arracher des mains des bourreaux les palmes du martyre, j'ose avancer que la résolution de s'immoler à Dieu par la Profession religieuse, mérite de notre part les mêmes respects & les mêmes éloges. La comparaison de la Vie religieuse & du Martyre va donc faire la matière de ce Discours.

Ne dois-je pas espérer, MADAME, de fixer votre attention, en traitant un sujet où la Religion va paroître dans toute sa grandeur & dans tout son éclat. Issue d'une des plus grandes Maisons de l'Europe, & d'autant plus chère à la France, qu'elle lui doit le Monarque occupé à faire son bonheur ; appellée à être un des principaux ornements de la plus brillante Cour de l'Univers, en unissant vos destinées à celles d'un Prince qui fait notre admiration & nos délices, vous avez reçu encore de la main d'un Dieu libéral & puissant, ces faveurs distinguées, ces présents inestimables qui embellissent la naissance la plus illustre. Qu'un monde profane, ébloui par ces dons enchanteurs, ne pense qu'à joindre aux hommages qui vous sont dus, le tribut volontaire de l'estime & de l'amour, un Ministre des Autels doit voir, dans ces faveurs mêmes, le motif des plus justes allarmes. Ces dons si précieux & si rares, cette pompe mondaine, cette grandeur temporelle, que font-ils, après tout, qu'une grande tentation ? Dieu a voulu, sans doute, pour vous donner la force d'en triompher, qu'à peine entrée dans la brillante carrière que vous allez parcourir, & où il est si facile de s'égarer, vous euſſiez ſous les yeux la plus grande leçon que la Religion puiſſe vous offrir. Le bonheur d'avoir été choiſie pour être, non-ſeulement le témoin, mais en quelque ſorte la coopératrice de cette merveille de ſa grace, en couvrant vous-même du Voile ſacré l'Auguſte Fille de nos Rois, gravera dans votre cœur cette vérité ſi importante aux Princes, que tout eſt à Dieu & pour Dieu, & que le ſeul uſage légitime de la grandeur eſt de la conſacrer à ſon ſervice, ou de la ſacrifier à ſa gloire.

Pour nous affermir d'autant plus, MES FRÈRES, dans ces ſaintes maximes, attachons nos regards ſur les deux actes les plus nobles du Chriſtianiſme, la Profeſſion religieuſe & le Martyre. Voyons comment le premier peut balancer la gloire du ſecond, ſoit par la ſublimité des efforts qu'il ſuppoſe, ſoit par l'abondance des faveurs qui lui sont destinées. En deux mots, la Profession religieuse est comparable au Martyre : premièrement, parce qu'elle rend à Dieu un égal témoignage; secondement, parce qu'elle a droit à une égale récompense.

Implorons les lumières du Saint-Esprit, par l'entremise de celle qui, revêtue de la plus éminente dignité, n'a point voulu s'attribuer d'autre titre que celui de Servante du Seigneur. *Ave, Maria.*

PREMIÈRE PARTIE.

FAIRE une profession éclatante des vérités que la Religion nous enseigne ; joindre à la soumission de l'esprit, l'austérité des mœurs & une conduite irréprochable ; on pourroit, à ces seuls caractéres, reconnoître un Martyr, si l'on bornoit ce nom auguste à sa signification littérale & précise.

Un Martyr n'est, à proprement parler, qu'un témoin; & c'est un principe incontestable, que la Foi, soutenue par les œuvres, est un témoignage authentique rendu à la Vérité souveraine qui répand sa divine lumière sur tous les hommes [d]. Ce témoignage, il est vrai, suppose dans celui qui le rend, une résolution ferme de justifier sa foi aux yeux de l'Univers, fût-elle en bute aux épreuves les plus terribles. Ainsi tout Chrétien, fidèle à sa Loi, & pénétré de ces sentiments généreux, sans rencontrer l'heureuse occasion de répandre son sang pour la cause de son Dieu, peut encore aspirer à la gloire du Martyre [e]. Vérité consolante dont l'É-

---

[d] Quotiescumque bonis actibus mandatum Christi facimus, toties de Christo testimonium perhibemus. *S. Aug. Serm.* 32, *de Sanctis.*

[e] Duo sunt quippe Martyrii genera : unum in publico, aliud in mente, simul & in actione. Itaque esse Martyres possumus, etiamsi nullo ferro percutientium trucidemur. *S. Greg. Hom.* 3 *super Evang.*

glise nous répond, lorsqu'en parlant d'un de ses plus saints Confesseurs, elle s'écrie : « O Ame bienheureuse, qui pour obtenir la palme du Martyre, n'a pas eu besoin de l'épée du persécuteur » [f] ! Mais on chercheroit en vain des sentiments si nobles parmi cette multitude de Chrétiens dont la foi languissante céde aux moindres obstacles, sans essayer seulement d'en triompher. Que dis-je ? cette ardeur sublime n'est pas toujours le partage de ces disciples fidèles qui semblent marcher d'un pas assuré dans les sentiers de la justice. La fragilité de S. Pierre, qui osoit présumer que la mort même ne pourroit le détacher de son divin Maître [g], est un exemple bien propre à effrayer la présomption, & à nous

---

[f] O sanctissima Anima, quam etsi gladius persecutoris non abstulit, palmam tamen Martyrii non amisit. *Offic. S. Martini.*

[g] Etiam si oportuerit me mori tecum, non te negabo. *Matth. XXVI*, ℣. 35.

convaincre de notre foiblesse. Guidée par une défiance si sage, l'Eglise a donc voulu que le nom de *Martyr*, ce nom de témoin par excellence, fût consacré spécialement pour honorer la fermeté héroïque de ces Ames généreuses, qui, par le sacrifice de leur vie, ont rendu à la Religion un témoignage incontestable. Or le témoignage rendu par la Profession religieuse, porte les mêmes caractères que nous admirons dans le Martyre : ces deux témoignages supposent également la conviction la plus intime : dans ces deux sacrifices, l'homme présente à son Dieu l'hommage le plus éclatant qu'une créature puisse lui offrir ; j'ajoute enfin qu'en méditant avec attention sur l'événement à jamais mémorable dans les fastes de la Religion, qui nous réunit dans ce saint Temple, on se persuadera aisément que le témoignage rendu par la Profession religieuse, acquiert, dans cette illuſtre circonſtance, toute la force dont il eſt ſuſceptible.

Pour peu qu'on réfléchiſſe ſur la dépravation du cœur humain, pourra-t-on s'étonner que les Loix ſoumettent la dépoſition d'un témoin, à l'examen le plus rigoureux de la prudence ? Cependant, pour écarter tous les nuages qui nous dérobent la vérité, le moyen le plus ſûr eſt d'examiner d'abord les différents motifs, les intérêts divers qui peuvent faire ſoupçonner la réalité des faits qu'on atteſte. Si une exacte diſcuſſion nous montre enfin avec évidence, que le témoin eſt irréprochable ; alors la raiſon juſques-là ſi ſévère, oblige le Juge le plus défiant, à ſouſcrire au jugement qu'elle prononce. Or le témoignage que les Martyrs ont rendu à la Foi, déſintéreſſé en lui-même, ſuppoſoit encore le ſacrifice de tous les intérêts humains. De quel intérêt pourroit-on ſoupçonner des Chrétiens dont l'ambition n'avoit pour but que le tombeau ? Croira-t-on que, séduits par une gloire insensée, ils payoient de leur sang le vain plaisir de se faire admirer des hommes ? Mais ce monde injuste, témoin de leurs combats, insultoit à leur fermeté, & ne voyoit que la douleur & l'ignominie dans leur triomphe. Qu'il me seroit facile, en produisant cette foule immense de témoins de tous les climats, de tous les âges, de tous les sexes, de toutes les conditions, en faisant remarquer en eux des caractères qui ne conviennent qu'à vos saints Martyrs, ô mon Dieu ! de forcer l'Incrédule même, à reconnoître la vérité d'une Religion qui inspiroit à ces grands hommes un courage si sublime ; mais dans ce jour solemnel, où la Religion brille de tout son éclat, j'oublie les vains sophismes de l'erreur, & je ne veux point entendre ses murmures. Je me borne donc à soutenir, ce qui n'a jamais été contesté, que les Martyrs étoient pleinement convaincus : or le témoignage rendu par la Profession religieuse, suppose une égale conviction ; aussi désintéressé dans son principe, il entraîne avec lui le sacrifice de toutes les consolations humaines.

Quelles paroles avez-vous prononcées, MA CHÉRE SŒUR ! que d'énergie dans la profession de foi qu'elles renferment ! Sans en répéter les propres termes, qu'il me soit permis d'en exposer la substance. Seigneur ! je crois toutes les vérités que vous nous avez révélées ; &, parce que je les crois, je renonce absolument & sans retour, à tous les biens, à tous les plaisirs & à tous les honneurs de la terre : je vous remets jusqu'à ma liberté : il ne me reste que la vie ; je ne vous la sacrifie point, parce que votre volonté s'y oppose : mais du moins cette vie
sera-

fera-t-elle employée toute entière à accomplir votre volonté, dans les veilles, dans les jeûnes, & dans l'exercice continuel d'une laborieuse pénitence.

Qu'il est facile de prononcer ces paroles édifiantes ! Peut-être avez-vous cru, MES FRÈRES, éprouver quelquefois le sentiment qui les inspire ; mais, s'il est aisé de tenir un langage si saint, de sentir même les tendres émotions d'une piété passagère, quelle force n'exige pas l'exécution d'un Vœu si sublime ! Non, le glaive du Persécuteur n'étoit ni plus affilé ni plus tranchant que cette Parole divisante qui rompt, d'un seul coup, tous les liens de la Société & de la Nature. En vertu de ces Paroles puissantes, une généreuse Victime entre dans la Solitude qui doit être son tombeau ; là, semblable à Noé après le Déluge, elle ne voit plus la Terre que comme un désert immense ;

B

privée de toute confolation naturelle & de tous fecours humains, elle ne tient plus qu'à vous feul, ô mon Dieu ! vous feul êtes pour elle tout l'Univers. En confidérant la rigueur & l'étendue d'un engagement fi redoutable, peut-on douter, un inftant, qu'il ne foit infpiré par la perfuafion la plus forte & la conviction la plus intime ? A la vue de ces grands Sacrifices qu'on ne peut achever fans une force plus qu'humaine, l'Incrédule même eft forcé de reconnoître le doigt de Dieu empreint dans fon ouvrage ; car tel eft le caractère de l'Impie, toujours agité & flottant, le tourment de l'incertitude eft à peine l'affreufe récompenfe de fes efforts & de fes recherches ; il promène des yeux intéreffés fur le monde qui l'environne, pour y rencontrer des complices qui le raffurent ; fa joie ne peut être qu'imparfaite, en voyant tant de coupables dont l'esprit rend à la Religion un hommage que leurs cœurs lui refusent ; plus allarmé encore, lorsqu'au milieu de cette multitude criminelle, il apperçoit le Troupeau choisi dont la voix éclatante annonce les merveilles du Seigneur ; enfin, désespéré de tant de vertus qui le confondent, il ne lui reste plus d'autre ressource que d'assigner à ces vertus mêmes, les vices les plus odieux, pour principes & pour causes. Il osera soûtenir que la bienséance ou la timidité, l'intérêt ou la politique, sont les ressorts secrets qui font agir tant de Chrétiens ; en un mot, que cette Piété extérieure qu'on encense, n'est qu'un vain fantôme, & qu'une conviction réelle est une chimère. Voilà sur quel fondement l'ame bourrelée de l'Impie essaie de se reposer : mais, si la conviction se déclare avec tant d'évidence, qu'il ne lui soit plus possible de la contester ;

s'il est obligé de la reconnoître dans les personnes que le monde & lui-même sont forcés d'estimer, c'est alors qu'il sent renaître dans son cœur le tourment de l'incertitude.

Je n'avance rien ici, MES FRERES, dont vos yeux seuls n'aient suffi pour vous convaincre. Rappellez-vous le jour où il fut dit, pour la première fois, LOUISE DE FRANCE a quitté la Cour pour le Carmel; ce n'étoit encore là que le premier pas vers l'Autel; mais, dans une ame si ferme, la première oblation fut regardée comme la consommation du Sacrifice. Que vit-on alors dans le parti de l'Incrédulité ? L'Ecriture nous apprend que la Terre étonnée des victoires rapides du Conquérant de l'Asie, se tût en sa présence[h] : par un prodige encore plus surprenant, l'Impiété immo-

---

[h] Et siluit Terra in conspectu ejus. *Libr. I, Mach.* I, ℣. 3.

bile & consternée, à l'étonnante nouvelle de l'action de LOUISE DE FRANCE, est demeurée tout-à-coup dans un morne silence : & qu'on n'attribue point ce silence à de justes respects; ce juge inique de la Piété & de quiconque la professe, ne respecte ni Dieu, ni les hommes : mais il voyoit la conviction, & il la voyoit dans un témoin irréprochable. Pour calmer des doutes effrayants, il rappelloit en vain ces objections frivoles qui n'ont pour soutien qu'un légèreté présomptueuse, & une audacieuse ignorance. Vous avez permis, ô mon Dieu! que plusieurs de ces hommes superbes, aient fermé les yeux à cette Lumière extraordinaire que vous avez daigné montrer à ce siécle malheureux d'aveuglement & d'infidélité : mais du moins votre miséricorde s'est étendue sur une partie de ces coupables, &, comme les Idolâtres, témoins de la constance des Martyrs, s'écrioient: Il n'y a point d'autres Dieux que le Dieu des Chrétiens ; de même on a vu ceux-ci confesser le Dieu de LOUISE, & déplorer avec le crime de l'irréligion, tous les crimes dont on peut dire qu'elle est tout à la fois & la fille & la mère. Vous le savez, Ministres de la réconciliation ; vous avez vu ces têtes orgueilleuses s'incliner & s'humilier ; vous avez recueilli leurs soupirs & leurs larmes ; vous avez été les médiateurs de leur paix avec ce Dieu qu'ils avoient outragé, & c'est d'après vous que nous le disons.

Ne vous plaignez donc plus, Ames vertueuses, car cette plainte vous échappe quelquefois ; ne vous plaignez plus que la Solitude vous enléve ces Ames privilégiées, dont les exemples vous paroissent nécessaires pour instruire le Monde, & le corriger en l'édifiant. Ces exemples que vous réclamez, se trouveront encore à la Cour, & dans le rang même où la Vertu est plus respectable & plus utile. Doutez-vous qu'une action unique, il est vrai, mais qui brille d'un si grand éclat, puisse enfanter, tout-à-coup, des effets que des années entières d'édification, peut-être, hélas! n'auroient jamais pu produire. La conduite la plus sainte, cachée sous le voile de l'humilité, échappe aisément aux regards d'un monde léger & frivole : des objets singuliers & frappants peuvent seuls réveiller l'attention de ces hommes endurcis, dont le mortel assoupissement ne peut être dissipé que par la voix du tonnerre[1]. Dieu, enfin, auteur d'un si beau dessein, manque-t-il de moyens pour rendre au monde ce qu'il ne lui ôte que pour se le donner à lui-même ? Ces Ames généreuses

---

[1] A voce tonitrui tui formidabunt. *Ps. CIII*, ℣. 7.

que, par le martyre, il aſſocioit à l'Egliſe triomphante, il les rendoit au centuple à l'Egliſe militante; &, de l'aveu des Payens mêmes, le ſang de ces premiers Héros de la Foi étoit la ſémence féconde qui peuploit l'Univers de Chrétiens. Si de ſemblables merveilles pouvoient ſe renouveller de nos jours, c'eſt à une œuvre ſi ſublime que ces prodiges ſeroient ſans doute réſervés. Déja d'heureuſes prémices ſemblent nous annoncer d'abondantes moiſſons. Quelles bénédictions ne doit pas attirer ſur nous un témoignage auſſi utile aux hommes, par ſes fruits, que l'a été le martyre, & qui fait encore éclater également la grandeur de Dieu, par la gloire qu'il lui procure.

C'eſt une vérité conſtante, & que les hommes, par un concert unanime, s'empreſſent à reconnoître; les Cieux nous inſtruiſent de la gloire du Seigneur. Mais
cette

cette voix éclatante qui annonce les merveilles du Très-Haut, nous enseigne aussi clairement nos devoirs & notre foiblesse ; tout nous dit que notre force est au Dieu que nous adorons, & la crainte religieuse que sa main a gravée dans tous les cœurs, nous invite à lui offrir l'humble tribut de notre amour, de nos respects & de notre reconnoissance. Le culte des premiers âges, les cérémonies, les sacrifices de l'ancienne Loi, n'étoient qu'une foible aurore des beaux jours qui devoient éclairer le monde. Il étoit réservé à la Loi nouvelle d'ennoblir nos offrandes, d'honorer dignement l'Être suprême, & d'épurer l'encens que l'homme devoit lui offrir; mais, parmi ces véritables Adorateurs qui composent la Milice sainte, il n'en est point qui glorifie son Dieu d'une manière plus illustre que le Martyr. Pour célébrer la grandeur souveraine du Maître de l'Univers, on ne présente plus les prémices des fruits, des troupeaux & des moissons. Le Prêtre, armé du couteau sacré, ne répand plus le sang des Boucs & des Génisses; mais, par un effort héroïque de la Charité, le Chrétien embrasé de sa flamme, se dévoue tout entier; &, dans ce grand sacrifice, l'homme saintement homicide, en s'immolant soi-même, devient tout à la fois le Pontife & la Victime. Plein de confiance dans les saints Oracles garants de son bonheur éternel, la mort, ce fantôme hideux qui nous effraie, n'étend sur lui qu'une main bienfaisante; en brisant les liens qui le captivent, elle lui procure l'heureuse liberté de s'élancer dans le sein de Dieu pour y recevoir le prix de sa victoire. C'est pour vous seul, ô mon Dieu, que l'homme peut s'élever à ce degré sublime de force & de grandeur! Souverain absolu de notre être, assez puissant pour payer d'une éternité de gloire un instant de douleur, c'est à vous seul que votre Créature peut offrir de semblables sacrifices !

Si le plus obscur des Citoyens, entraîné par un motif bizarre, donnoit sa vie pour le plus grand des Monarques, il ne nous paroîtroit qu'un fameux insensé, puisqu'il ne pourroit se cacher à lui-même, que les bienfaits les plus signalés ne peuvent nous suivre dans le tombeau. La raison n'avoue ces actes extraordinaires, que lorsqu'ils sont dirigés par la Loi qui les commande ; ainsi ne craignez point, MES FRÈRES, que j'affoiblisse par cette réflexion le devoir incontestable de mourir, s'il le faut, pour son Prince, & pour sa Patrie ; je prétends, au contraire, donner à ce devoir sacré les fondemens les plus solides, la volonté de Dieu qui l'exige, & sa bonté qui le couronne.

Le Martyre est donc l'hommage le plus parfait qu'une Créature puisse rendre à son divin Auteur ; mais l'Ame fidèle qui se dévoue à la pénitence dans une Solitude sacrée, fait éclater, d'une manière aussi sensible, la grandeur du Dieu qui l'a formée. Dans ce dernier sacrifice, on ne voit point, il est vrai, couler le sang de la Victime : Dieu qui sonde les cœurs, n'entend pas moins les cris de cette Victime gémissante ; séparée de la terre, tous ses désirs sont pour le Ciel que l'ardeur de ses vœux ne peut encore lui ouvrir. Toujours armée contre elle-même du glaive de la pénitence, elle rend à Dieu un témoignage que le Martyr ne rend pas, & qu'il ne peut rendre : c'est que dans un genre de vie si pénible à la nature, on croit non-seulement qu'on pourra vivre, mais encore éprouver mille douceurs : dans ce dépouillement universel, dans cette souſtraction abſolue de tous les ſoutiens de la vie, ſans un miracle de la Grace, il eſt ſans doute auſſi difficile de rencontrer le bonheur, qu'il le fut à Moyſe de faire jaillir l'eau du rocher; & c'eſt ce miracle que l'on croit. La Foi nous découvre la main de Dieu, capable de nous ſoutenir ſur l'abîme, & de nous y faire trouver le calme & le repos. Cette main puiſſante n'eſt point apperçue par l'œil mortel ; mais, à l'exemple de Moyſe, on s'appuie ſur l'Inviſible, comme s'il s'étoit rendu viſible [k]. Plus intrépide que Pierre [l], ſur la parole d'un Dieu, on marche ſur les eaux, on affronte la tempête, ſans crainte & ſans défiance, déclarant par ce ſublime témoignage, rendu à la face de l'Univers, que Dieu eſt le ſeul

---

[k] Inviſibilem enim tanquàm videns ſuſtinuit. *Heb. XI*, ⅴ. 27.

[l] Domine, ſi tu es, jube me ad te venire ſuper aquas. *Matth. XIV*, ⅴ. 28.

grand, le seul puissant, puisque seul il peut remplir ce cœur insatiable, pour qui tous les plaisirs du monde ne sont qu'une ombre légère qui nous abuse un moment, disparoît & s'évanouit.

Ainsi, non content du témoignage que rendent à la Religion tous les vrais Fidéles, par la Foi & par les œuvres, Dieu s'est réservé le Martyre & la Profession religieuse, comme deux témoignages plus authentiques & plus dignes de sa grandeur. Le premier est plus particulièrement le témoignage de l'esprit, & par lui l'infaillible vérité de Dieu est hautement reconnue : le second est proprement le témoignage du cœur, & il honore Dieu comme l'unique bien, & uniquement désirable : le premier est confirmé par le sacrifice de la vie, & le second par le sacrifice de tous les charmes de la vie : par le premier, on meurt pour Dieu ; par le second, on ne vit que pour Dieu & de Dieu : le premier a éclaté à la naissance de l'Eglise, le second a illustré son triomphe ; & tous les deux, dans les différents âges, ont attesté la sainteté de la Religion. Vous avez voulu, ô mon Dieu ! que l'homme, s'immolant tout entier pour vous, présentât le plus parfait des holocaustes, & que ce caractère auguste apprît à l'Univers le culte & l'encens qu'il devoit vous offrir. Le premier de ces témoignages, destiné à confirmer la Foi, a été placé dans les premiers siécles ; c'étoit le temps où l'on pouvoit plus aisément s'assurer de la vérité des faits qui sont aujourd'hui l'objet de notre créance ; & remarquez, je vous prie, que c'est le temps où ces faits ont été reconnus & attestés avec la plus inébranlable certitude. Ce premier témoignage a cessé, parce que la preuve qui en résulte, a été suffisante pour tous les temps & pour tous les esprits, si l'on en excepte ces hommes téméraires auxquels l'évidence même ne peut suffire. Le second, dont le commencement concourt avec la fin des grandes persécutions [m], ne cessera jamais, parce qu'il sera toujours nécessaire au maintien de la Morale chrétienne, toujours combattue par le cœur humain, qui craint encore plus l'austérité de la Loi, que l'esprit ne redoute les ténébres sacrées dont la Foi s'enveloppe; car de toutes les erreurs, la plus injurieuse à Dieu, & en mêmetemps la plus commune, celle qu'on peut appeller l'hérésie de tous les climats & de tous les siécles, c'est de dire & de croire que la pratique de l'Evangile est impossible : or cette hérésie pouvoit-elle être plus complettement & plus universellement réfutée

---

[m] S. Antoine, Fondateur de la Vie cénobite, vivoit du temps de Dioclétien.

que par la Profeſſion religieuſe, dont le témoignage viſible, & toujours ſubſiſtant, dépoſe & dépoſera juſqu'à la fin des ſiécles, que la Loi de Jéſus-Chriſt non-ſeulement eſt praticable, mais qu'elle eſt, comme lui-même l'appelle, un fardeau doux & léger [n], puiſqu'en ajoutant encore le fardeau des conſeils, plus onéreux ſans doute que celui des préceptes, on peut cependant les porter tous deux avec allégreſſe. Oui, MES FRÈRES, dans ce chemin du ſalut, ſi rude & ſi eſcarpé, on rencontrera plutôt le bonheur, que dans ces routes aiſées & fleuries où l'homme profane s'égare, &, après mille détours, ne trouve que trop ſouvent ces citernes empoiſonnées où il boit l'amertume & la mort.

Je ſais qu'un monde ingrat & frivole, tourne rarement ſes re-

---

[n] Jugum enim meum ſuave eſt, & onus meum leve. *Matth.* XI, ℣. 30.

gards vers ces demeures sacrées, où tant de Vierges chrétiennes, tant de pieux Solitaires lèvent sans cesse au Ciel leurs mains innocentes, pour écarter, s'il est possible, la foudre suspendue sur des têtes coupables : mais pourroit-il ne pas s'occuper du grand sacrifice, du témoignage du plus grand éclat & du plus grand poids, que la Religion lui présente en ce jour solemnel. Témoignage du plus grand éclat, parce qu'il rassemble les extrêmités qu'on croiroit impossible à réunir. Voyez l'état qu'abandonne LOUISE DE FRANCE; voyez celui qu'elle embrasse : l'un est le plus haut degré de l'abnégation évangélique, l'autre étoit le comble de la prospérité humaine: or voilà ce qui ferme la bouche à l'iniquité ; car (pour rendre cet exemple héroïque plus instructif, en l'appliquant encore à la Morale chrétienne, quoiqu'il vienne à l'appui du corps entier de la Religion) que peut-on oppofer à la grandeur des facrifices qu'elle exige, à la vue de la plus haute fortune, fi généreufement facrifiée ; ou à la difficulté des devoirs qu'elle impofe, à la vue de tant de rigueurs fi courageufement embraffées. Réprimez vos défirs, vous dit la Religion ; renfermez-les du moins dans les bornes de la juftice & de la raifon; fatisfaits de la condition où vous a placés la main de Dieu, ceffez de vouloir ajouter toujours à de nouveaux honneurs, de plus abondantes richeffes : humanifez cette fierté criminelle qui fait gémir tant d'hommes, vos égaux par la nature, & vos frères par la Religion : renoncez à ce luxe infenfé, dont la pompe arrogante infulte à la mifère du pauvre; hélas ! peut-être vos excès vont bientôt vous en rapprocher. Si vous n'oppofez à ces Loix formelles qu'une indocilité volontaire, je n'ai rien à vous répondre : par cette résistance, vous vous condamnez vous-mêmes, & Dieu est pleinement justifié : mais si vous m'alléguez que des Commandements si sévères sont impossibles à pratiquer, je vous répondrai alors : Ouvrez les yeux & voyez, non pas l'abandon d'une fortune médiocre, les Grands s'imaginent qu'on ne sacrifie rien, lorsqu'on sacrifie moins que ce qu'ils possèdent, quoique souvent on se prive d'un bonheur plus réel ; mais voyez de quelle élévation on a pu descendre, & jusqu'où l'on a pu s'abaisser : de quelle opulence on a pu se détacher, & à quelle pauvreté on a pu se réduire : de quelle pompe on a pu se dépouiller, & de quel sombre voile on a pu s'envelopper : à quels honneurs on a pu renoncer, & à quelle servitude on a pu s'engager : quel séjour on a pu abandonner, & à quelle retraite on a pu se condamner. On l'a pu ! rien n'est donc impossible en ce genre ; car, s'il étoit un sacrifice qu'on ne pût accomplir, c'est celui qu'on a fait mille fois plus que celui que vous refusez de faire. Le Royaume des Cieux souffre violence, vous dit encore l'Evangile, & les violents le ravissent °. Quittez donc cette vie molle & voluptueuse, où le peu de moments tranquilles que vous laisse une longue agitation, ne sont remplis que par le regret du plaisir qui vous échappe, & par l'inquiétude pour celui qui doit suivre; vie toujours criminelle, lors même qu'elle paroît innocente, parce que la véritable innocence ne se trouvera jamais dans une opposition si marquée avec la Religion d'un Dieu souffrant & crucifié. Pour vous affran-

---

° *Regnum Cœlorum vim patitur, & violenti rapiunt illud. Matth. XI, ỳ. 12.*

chir de cette Loi immuable, vous essayez de vous persuader que l'éducation, l'habitude, le rang même que vous occupez, sont autant d'obstacles que votre foiblesse ne peut surmonter......
Ouvrez les yeux, & voyez la Fille de votre Roi, embrasser, non pas une de ces Professions mitigées, où, en portant la Croix de Jésus-Christ, on en ignore du moins toute la pesanteur; mais se consacrer à l'état le plus pénible, & dont les saintes austérités font frémir la nature : Voyez les jeûnes, les veilles, les travaux, la psalmodie des anciens Solitaires fidélement retracés, & surchargés encore par des macérations inconnues à ces premiers Martyrs de la pénitence : Voyez leurs haires & leurs cilices, surpassés peut-être par un habillement destiné à être le tourment de toutes les heures & de toutes les saisons : Voyez, en un mot, la peine &

les souffrances occuper tous les instants de la vie, pour ne finir qu'avec elle : Vie dont on peut dire que l'histoire est renfermée toute entière dans cette parole énergique de l'héroïque THÉRÈSE, & qui est devenue comme la devise du Carmel, *ou souffrir, ou mourir.* Oserez-vous nous soutenir encore que la pénitence commune, dont la Religion fait un devoir à tous les Chrétiens, est au-dessus des forces humaines ? peut-on le dire ? peut-on même le penser, à la vue d'un témoignage si éclatant ?

Temoignage du plus grand poids, je le dis encore, parce que Dieu, qui vouloit le faire servir au soutien & à la gloire de la Religion, a voulu aussi qu'il fût irréfragable dans tous les points, & qu'on ne pût lui opposer aucune des raisons que le monde emploie si souvent, pour censurer les œuvres de Dieu & les combattre. Que pourroit alléguer le monde ? Le défaut de lumières, dans un esprit si éclairé ? Un goût bizarre, dans un caractère si judicieux & si solide ? L'inexpérience, après une telle épreuve des félicités de la terre ? Une ferveur passagère, dans une démarche si long-temps & si mûrement réfléchie ? Le chagrin, dans un bonheur si pur & une élévation si tranquille ? L'impétuosité de la jeunesse, dans la maturité de la raison ? Les dégoûts de l'âge avancé, dans celui où l'homme commence à goûter les plaisirs raisonnables ? Que dirai-je encore ? Appercevroit-on le piége de la séduction, dans un dessein long-temps combattu & ensuite approuvé par une si haute sagesse, & avec de si grandes répugnances ? On comprend assez de qui je parle, & quel poids ce second témoignage ajoute au premier, déja si fort par lui-même. Non, la critique la plus rigoureuse

rigoureuse ne fut jamais si sévère dans l'examen, ni si féconde en difficultés, que l'a été ici la tendresse : non, jamais le combat de la Nature & de la Religion n'a été plus douloureux, ni la victoire plus long-temps disputée : Enfin, la Nature a cédé, & la Religion a triomphé. Seigneur ! vous voyez à quel prix un si grand Roi, le meilleur de tous les Pères, a reconnu votre empire : rendez le sien à jamais inébranlable : il a imité le Sacrifice d'Abraham ; répandez sur lui, à pleines mains, les bénédictions dont vous avez récompensé la fidélité du saint Patriarche : que sa Postérité, aussi nombreuse que les étoiles du firmament, possède à jamais cette terre fortunée [p], l'héritage de ses Pères depuis tant de siécles : que, dans une longue suite de jours

---

[p] Benedicam tibi, & multiplicabo semen tuum sicut stellas Cœli.... quia obedisti voci meæ. *Gen. XXII*, ℣. 17, 18.

tranquilles, il puisse préparer le bonheur de nos Neveux, en formant, au grand art de régner, ces jeunes Princes dont la vertu prématurée a pu seule fermer une plaie long-temps saignante, & toujours prête à se rouvrir. Conservez-lui, ô mon Dieu ! conservez-lui ces augustes Princesses, les délices de la France, l'exemple de sa Cour, & le charme de ses héroïques soucis : & que le sacrifice volontaire d'une si noble portion de son sang, que sa Religion vous offre au pied de ces Autels, soit la dernière épreuve à laquelle vous mettiez son cœur paternel.

La Profession religieuse rend un témoignage égal à celui du Martyre, vous venez de le voir : Elle a droit à une égale récompense, c'est ce qui reste à vous montrer.

SECONDE PARTIE.

AVANT que d'ajouter les derniers traits au parallele de la Profession religieuse avec le Martyre, je dois reconnoître, comme une vérité constante, que la mesure de la Charité est devant Dieu la mesure du mérite : ainsi, Jésus-Christ ayant déclaré qu'il n'y a point de plus grand amour que de donner sa vie pour ceux que l'on aime [q], ce seroit contredire cet Oracle sacré que d'élever la Profession religieuse au-dessus du Martyre. Mais, si toute préférence nous est interdite, nous pouvons supposer l'égalité entre ces deux conditions si sublimes. Le même Texte, qui déclare qu'il n'est pas de plus grand amour, ne prononce point qu'il

---

[q] Majorem hâc dilectionem nemo habet, ut animam suam ponat quis pro amicis suis. Joann. XV, ℣. 13.

ne puisse s'en rencontrer d'aussi grand; & la même Loi, qui nous fait adorer humblement la Parole divine, nous oblige de nous arrêter à sa signification littérale, & à la resserrer dans ses bornes précises. Nous pouvons donc user du droit que ce Texte bien étendu ne nous ôte pas, de comparer le mérite de la Profession religieuse avec celui du Martyre, & de montrer qu'en consultant l'autorité & la raison, ces deux brillants états dans le Christianisme présentent assez d'égalité, pour que notre hommage puisse rester suspendu, & que la supériorité de l'un sur l'autre demeure indécise.

Lorsque les saintes Ecritures se taisent, l'autorité la plus respectable est celle des saints Pères & des Docteurs de l'Eglise. On connoît les éloges magnifiques qu'ils ont donnés au Martyre, jusqu'à lui attribuer la vertu d'opérer une justification aussi parfaite que celle du Baptême. De-là, cette parole si connue dans l'Eglise qui en a fait à cet égard la régle de sa conduite, que *c'est faire injure à un Martyr que de prier pour lui* [r], parce que c'est méconnoître un mérite qui tient lieu de toutes les expiations, & dont l'effet aussi prompt que l'éclair, fait du dernier instant de la vie, le premier moment de la béatitude. Or les saints Docteurs accordent les mêmes prérogatives à la Profession religieuse, en la comparant tantôt au Baptême, & tantôt au Martyre. En vain leur prêteroit-on le dessein d'animer par ces éloges la ferveur des Chrétiens, & de peupler les Cloîtres & les Solitudes : Non, c'est en parlant sur le ton de l'enseignement qu'ils déclarent que, par la Profession religieuse, l'ame acquiert une innocence égale à celle du Bap-

---

[r] Injuriam enim facit Martyri, qui orat pro Martyre. *Innocentius III*, *Cap*. Cum Marthæ. *de Celebratione Missarum.*

tême, & que si, dans cet instant même, elle quittoit la Terre, les portes du Ciel s'ouvriroient tout-à-coup devant elle, non point en vertu des Indulgences accordées à l'acte de la Profession, mais par le mérite seul de cet acte. Telle est la Doctrine constante des anciens Pères de l'Eglise ; Doctrine reconnue depuis par S. Thomas, & qu'aucun Théologien n'a jamais contestée ⁵. Saint Bernard enseigne cette vérité, & la prouve plus efficacement encore, en l'appuyant sur les raisons les plus sensibles. Lorsqu'il parle de ces deux genres de Martyre, (car il les appelle tous deux de ce nom) il dit qu'à la vérité le premier est plus horrible, parce qu'il livre le corps aux tourments,

---

ˢ Excedit omne genus satisfactionis.... sicut holocaustum excedit omne sacrificium, ut Gregorius dicit super Ezechielem.... Undè legitur, in Vitis Patrum, quòd eamdem gratiam consequuntur Religionem intrantes, quam consequuntur Baptizati. *S. Thom.* 2ᵃ 2ᵃᵉ *Quæst. ultim. Art.* 3, *Add.* 3ᵉ.

mais que le second est plus pénible par sa durée [t].

Or je le demande, lequel des deux l'emporte du côté de la peine, & par conséquent du mérite, ou d'une douleur cruelle, mais courte, ou d'une souffrance plus légère, mais longue & continue ? L'expérience ne peut nous instruire sur ce point : s'il arrive souvent qu'on se soumette aux opérations les plus douloureuses, pour se délivrer d'une fâcheuse incommodité, combien de personnes préfèrent à ces cruels moments de torture, la souffrance continue d'un mal qu'on ne regarde pas toujours comme insupportable, & dont la patience peut encore triompher ? Il est vrai que, dans le Martyre, la douleur est suivie de la mort, abîme affreux que l'œil de l'homme ne peut contempler sans frémir ; mais la pei-

---

[t] Illo quo membra cæduntur ferro, horrore quidem mitius ; sed diuturnitate molestius. *S. Bern. Serm. 3 super Cant.*

ne à laquelle on se dévoue par la Profession religieuse doit durer autant que la vie, c'est-à-dire, une suite d'années que l'imagination multiplie sans y appercevoir de terme, parce qu'une sage Providence a couvert notre dernier moment du voile le plus épais. Convenons cependant, MES FRÈRES, que la mort rendue présente avec l'appareil des supplices qui la précédent, donne au Martyr l'occasion de déployer le plus grand spectacle que la constance humaine puisse offrir; mais si le Martyre religieux n'expose pas à livrer ces sanglants combats, envisagé sous d'autres points de vue, il recouvre toute la gloire que le défaut de cette première épreuve lui enléve. Il est facile de s'en convaincre, en examinant avec attention les principales circonstances de ces deux sacrifices.

Le Martyr affronte la mort;
mais

mais après tout, cette mort est inévitable ; il est forcé de choisir entre la mort & l'infamie ; enfin son courage est soutenu par la certitude de recueillir, à l'instant même, le prix de sa victoire. L'attachement le plus fort à la vie, ne peut cacher, même à l'homme le moins attentif, qu'il faudra bientôt mourir. Semblable à ces fleurs qu'un matin voit éclore & disparoître[u], à peine ouvrons-nous les yeux à la lumière, que déja nous appercevons le tombeau. Cette pensée soutient le Guerrier dans le combat ; elle console le mourant aux approches de la dernière heure : qui doute qu'elle n'ait opéré les mêmes effets dans les Martyrs ? Une voix secrette se faisoit entendre au milieu des supplices, elle leur répétoit sans cesse, puisque nos jours doivent si-tôt finir,

[u] Homo... brevi vivens tempore... qui quasi flos egreditur & conteritur : & fugit velut umbra. *Job. XIV*, ℣. 1, 2.

E

qu'importe d'en abréger quelques instants ? Ou plutôt, quel bonheur qu'une éternité de gloire paye le sacrifice d'une vie toujours incertaine & fragile ! Le Martyr, en bravant la mort, ne peut se dissimuler que tôt ou tard, il en sera la proie. Le Martyr religieux s'expose à des maux qu'il peut tenir éloignés de lui ; sa croix est volontaire & librement embrassée ; &, ce qui ne peut se dire des portes de la mort toujours ouvertes à la Race humaine, on ne peut entrer qu'après les plus vives instances, qu'après avoir frappé à coups redoublés, dans le tombeau de la solitude [x]. Cet hommage de l'ame religieuse est d'autant plus cher à son Dieu, qu'il n'est point fondé, ainsi que le Martyre, sur une obligation étroite, & que nul Chrétien ne puisse enfreindre. Le

---

[x] Qui petit, accipit ; qui quærit, invenit, & pulsanti aperietur. *Luc.* XI, ℣. 10.

Martyr peut sans doute éviter la mort; mais il faut qu'il choisisse entre le trépas & le crime, entre le supplice & l'apostasie; point de milieu; il faut que le corps soit immolé, ou que l'ame périsse: pour conserver le présent, il faut perdre l'éternité. Tel est l'ordre du Roi des Rois; il retranche de sa Milice sainte, tout soldat qui refuse de mourir pour sa cause. Dans la vocation religieuse, envisagée du côté de Dieu qui appelle, on n'apperçoit pas la trace d'une obligation si terrible. Dieu ne prononce point, *je le veux;* il dit encore comme au jeune homme de l'Evangile, *si vous voulez* [y]; il invite, comme à l'action qui lui sera la plus agréable; mais, si l'on ne se rend pas à son invitation, on n'encourt point sa disgrace; & de-là, nous pouvons conclure que le motif de la cha-

---

[y] Si vis perfectus esse, vade, vende quæ habes... & veni, sequere me. *Matth.* XIX, ℣. 21.

rité est en cette circonstance, plus décidé que dans le Martyre. Je n'ai point oublié qu'il n'est point de plus grand amour que celui qui sacrifie jusqu'à sa vie; non, sans doute, si la vie est sacrifiée par le pur motif de l'amour: mais est-il impossible que le motif de la crainte n'agisse fortement sur une ame convaincue, qu'elle ne peut se soustraire à la mort, sans s'attirer la haine de son Dieu, & sans éprouver ses vengeances[2]? S. Paul ne nous a-t-il pas averti que la foi qui va jusqu'à livrer le corps aux flammes, peut être séparée du feu céleste de la charité[a]. Quel avantage pour le Martyr religieux! L'amour le plus

---

[2] Vitalis... cum vidisset Ursicinum medicum... paululùm in tormentis titubare, exclamavit: Ursicine medice, qui alios curare solitus es, cave ne te mortis æternæ jaculo conficias; quâ voce confirmatus Ursicinus Martyrium fortiter subivit. *Brev. Rom. die* 28â *Aprilis.*

[a] Si tradidero corpus meum itâ ut ardeam; Charitatem autem non habuero, nihil mihi prodest. *I. Cor. XIII*, ℣. 3.

pur préside nécessairement à un sacrifice qui n'est pas commandé : la crainte peut faire acquitter le tribut qu'on exige ; l'amour, exempt de contrainte, pour donner ne consulte que lui-même ; &, si le don qu'il offre est grand & magnifique, on reconnoît à cette noble profusion, la générosité de la main qui le présente.

Tous les devoirs du Christianisme supposent, outre le secours de la Grace, des efforts de la part de l'homme; mais il en est qui, par les circonstances dont ils sont accompagnés, semblent aider notre foiblesse & faciliter nos triomphes. Telle est l'heureuse situation du Martyr. Il est sans doute affreux pour la nature, de voir arriver, au milieu des tortures les plus cruelles, le moment terrible où la Terre va s'éclipser à nos yeux, & s'éclipser pour toujours. Que ce moment si redoutable perd de son horreur, lorsqu'on pense, qu'en terminant toutes les misères de la vie, ce moment va commencer un bonheur qui ne finira jamais : lorsque la Foi nous découvre ce grand spectacle que le premier des Martyrs vit des yeux du corps, Jésus-Christ debout à la droite de Dieu, prêt à recevoir le Vainqueur, & lui montrant le Trône de gloire où ses travaux vont être couronnés [b]; lorsqu'enfin on se dit à soi-même : Dans un instant, oui, dans un instant, le Ciel avec tous ses délices, Dieu avec tous ses charmes, seront devenus mon bien, mon partage, mon immuable possession. Quel puissant aiguillon, MES FRÈRES ! Et faut-il s'étonner que l'Eglise toujours sage, parce que l'Epoux qui la gouverne est la Sagesse incréée, ait fait briller

---

[b] Intendens in Cœlum vidit gloriam Dei, & Jesum stantem à dextris Dei, & ait : Ecce video Cœlos apertos, & Filium Hominis stantem à dextris Dei. *Act. Apost.* VII, ℣. 55.

plus d'une fois le glaive spirituels pour arrêter ceux de ses enfants, qu'un zèle téméraire précipitoit au-devant du glaive des persécuteurs.

Quelqu'éloignés que nous soyons aujourd'hui de ces ardeurs généreuses qui embrasoient les saints Confesseurs de l'Eglise naissante, si l'on interrogeoit cette foule de Chrétiens dont la foi n'est pas encore éteinte, combien en est-il qui nous répondroient, que si par ce trajet sanglant, mais si court, ils pouvoient arriver au Bonheur céleste, ils n'hésiteroient pas un moment à le franchir; tandis qu'ils s'avoueroient absolument incapables de soûtenir les tristes & douloureuses lenteurs du Martyr religieux : tous les hommes portent ce sentiment gravé dans leurs cœurs; mais presque tous en ignorent le principe & la cause. Essayons d'éclaircir ce mystère du cœur humain, en apprenant à l'homme à se connoître.

Au désir naturel d'être heureux, nous ajoutons une impatience prodigieuse de le devenir : de cette source commune découlent tous les crimes & toutes les vertus : tous les crimes, si cette impatience est suivie ; parce que, pour jouir du bonheur présent, il n'est point d'obstacle qu'on ne surmonte : toutes les vertus, si cette impatience est réprimée ; parce que, pour s'assurer une félicité à venir, il n'est rien dans le présent qu'on ne soit disposé à souffrir & à sacrifier : & si nous voyons tant de crimes & si peu de vertus, c'est que ce présent qui n'est rien, tant il est court & frivole, nous paroît tout, parce qu'il est présent ; & que l'avenir qui est tout, vu sa solidité & sa durée infinie, ne nous paroît rien, parce qu'il est absent. Tel est le délire du cœur humain & le principe universel de nos égarements.

Or cette impatience qui nous pousse avec tant de force ; ce présent qui nous entraîne avec tant de violence, animoient le courage des Martyrs, & la cause de tous les crimes devenoit pour eux le ressort de la plus héroïque vertu. Quelle différence du Martyre religieux ! Là, le moment du sacrifice étoit le premier instant du repos éternel : ici commence une guerre opiniâtre, dont le but est de dompter & d'asservir la nature, ennemi terrible qui, malgré les blessures les plus profondes, survit toujours à lui-même, fatigue sans cesse son vainqueur, & se montre redoutable encore à son dernier soupir. Tel doit être le martyr de tous les jours, de toutes les heures & de tous les instants d'une vie dont l'austérité chrétienne doit prolonger le cours. Oui, MES FRÈRES, c'est un fait que l'expérience de tous les temps a confirmé ; les délices du monde abrégent les jours, & l'auſtérité les conſerve; ſoit que Dieu ſe plaiſe à multiplier des années qui doivent multiplier les mérites; ſoit que le corps, deſtiné à la peine & au travail, ſupporte plus aiſément l'exercice qui le fatigue, que l'indolence qui le flatte; ſoit enfin que la bonté de Dieu ait voulu inſpirer aux hommes, par leur intérêt le plus cher, l'amour des Vertus que la Religion nous commande. Quoi qu'il en ſoit, le bonheur, objet de nos déſirs les plus vifs, ne ſe préſente au Martyr religieux que dans une perſpective éloignée & au bout d'une longue carrière qu'il doit parcourir en tremblant, puiſqu'un inſtant de foibleſſe peut lui ravir ſa couronne.

Le Sage nous avertit que l'homme s'afflige, dès qu'il voit s'éloigner l'eſpérance[c]: quelle eſt donc

---

[c] Spes quæ differtur, affligit animam. *Prov.* XIII, ℣. 12.

la douleur de l'Ame religieuse, lorsqu'elle sent que toute son impatience ne peut hâter l'instant désiré? Elle est forcée d'attendre, & d'attendre en gémissant. Je ne m'arrêterai point ici à peindre ce martyre; vos yeux suffisent pour vous en convaincre, & je craindrois que l'humilité de ces Vierges chrétiennes ne s'indignât de voir exposer à des regards profanes des tourments dont elles voudroient que Dieu seul fût le témoin. Pour les Epouses d'un Dieu souffrant, ce qui effraie la mollesse mondaine, est le moindre de leurs maux : voici la peine reconnue & avouée; il faut attendre en aimant, en désirant d'être réuni à l'objet aimé, & avec quelle passion! Pour peindre ces ardeurs, il faudroit le pinceau de l'inimitable THÉRÈSE, ou plutôt il faudroit son cœur, seul capable d'exprimer cet amour. Un tel dégré de charité est sans doute bien rare sur la terre ; mais sans être inondé de ces torrents de flamme céleste, le Chrétien peut brûler encore du feu le plus pur : De-là ces pieux gémissements d'une Ame sainte qui demande les ailes de la Colombe, pour s'envoler dans les bras de son Dieu [d] : de-là ces plaintes tant de fois répétées, sur la durée de son exil [e] : de-là ces défaillances, à la seule pensée du bienheureux séjour, où l'Epoux brillant de gloire fera tomber le voile ennemi qui le cache [f] : de-là ces larmes qui sont devenues le pain du jour & de la nuit, lorsqu'on s'entend dire, lorsqu'on se dit à soi-même : où est ton Dieu [g] ?

---

[d] Quis dabit mihi pennas sicut Columbæ, & volabo, & requiescam ? *Ps. LIV*, ℣. 7.

[e] Eheu mihi, quia incolatus meus prolongatus est !... multùm incola fuit anima mea. *Ps. CXIX*, ℣. 5, 6.

[f] Concupiscit & deficit anima mea in atria Domini. *Ps. LXXXIII*, ℣. 3.

[g] Fuerunt mihi lacrimæ meæ panes die ac nocte : dùm dicitur mihi quotidiè ubi est Deus tuus ? *Ps. XLI*, ℣. 3.

C'est ainsi que David exprime le martyre des Ames ferventes ; & ne croyons pas que ces traits sublimes n'appartiennent qu'aux Thérèses. Non, le Saint-Esprit, en mettant ces paroles dans la bouche de tous les Fidéles, nous fait assez entendre que ces saintes ardeurs ne sont pas l'unique partage des Ames privilégiées que l'Amour divin semble avoir choisies pour servir de modéles; c'est en parlant de ces Ames ensevelies dans Jésus-Christ, que S. Augustin nous dit que *la vie* est pour elles un *exercice de patience*, parce qu'elle les tient éloignées du souverain Bien ; & *la mort un sujet de joie*[h], parce qu'elle les met en possession du Bonheur éternel : car il arrive enfin ce moment si désiré ; bien tard, si l'on pense à la voie abrégée du martyre; mais bientôt, si l'on pense à l'éternité

[h] Patienter vivit & delectabiliter moritur. *S. Augustinus, Tract. in Epistol. S. Joannis.*

qui la fuit. Ajoutons encore, avec l'Apôtre, que si les combats ont été pénibles, la fatigue doit paroître bien légere, lorsqu'on la compare au poids immense de gloire qui doit payer nos soupirs & nos travaux[i].

Quoiqu'il soit impossible à l'esprit humain de se former une idée du bonheur que Dieu prépare à ceux qui l'aiment; au milieu des plus épaisses ténébres, le Chrétien, convaincu de la puissance infinie de son Dieu, marche d'un pas ferme & sûr à l'éternelle félicité[k]. Plein de confiance dans les promesses sacrées, il sait que les moindres sujets, assis au dernier rang dans le Royaume céleste, sont bien au-dessus de tous les Rois de la terre: il

[i] Id enim quod in præsenti est momentaneum & leve tribulationis nostræ, supra modum in sublimitate æternum gloriæ pondus operatur in nobis. *II. Cor. IV*, ℣. 17.

[k] Quod oculus non vidit, nec auris audivit, nec in cor hominis ascendit, quæ præparavit Deus iis qui diligunt illum. *I. Cor. II*, ℣. 9.

en conclut, sans hésiter, qu'une gloire ineffable, mais infinie, l'attend dans la sainte Sion.

O vous, qui avez embrassé le joug d'une pauvreté volontaire dont Jésus-Christ a voulu être le modéle, écoutez les promesses consolantes que ce Dieu vous adresse, & qu'il confirme par serment : Je vous le dis en vérité, qu'au temps de la résurrection, lorsque le Fils de l'homme sera assis sur le trône de sa gloire, vous qui, après avoir tout quitté, m'avez suivi ; vous serez assis sur douze trônes, pour juger les douze Tribus d'Israël[1]. Un texte si clair & si formel n'a pas besoin d'être appuyé sur le témoignage des saints Pères & des Interprètes sacrés ; tous, par un concert unanime, ont expliqué cette magnifi-

---

[1] Amen dico vobis, quòd vos qui secuti estis me, cum federit Filius Hominis in sede majestatis suæ, sedebitis & vos super sedes duodecim, judicantes duodecim Tribus Israel. *Matth. XIX*, ℣. 28.

que promesse, en faveur de ces Chrétiens fervents qui ont dédaigné les avantages ou les espérances que le monde pouvoit leur offrir.

Pour nous former du moins une image imparfaite de leur bonheur, anticipons les temps à venir ; représentons-nous ce jour formidable où le Juge souverain des hommes, appellant les morts du tombeau, pronoce ses arrêts irrévocables. Alors disparoîtront tous ces titres fastueux qu'inventa l'orgueil, pour masquer la misère humaine : alors toutes les grandeurs seront abaissées, & tous les rangs confondus : alors le crime & la vertu seront les seules marques sensibles pour distinguer des êtres paitris du même limon, soumis à la même loi, appellés au même bonheur. Tandis que l'homme tremblant attendra dans un morne silence, ses destinées éternelles, la Foi nous découvre le Dieu de Majesté

Majesté au milieu d'une troupe choisie de Justes, Saints par excellence, & élus entre les Élus, assis sur des trônes, & jugeant avec lui l'Univers. Nous admirons avec respect ces décrets absolus des Rois de la terre, qui ne s'étendent qu'à une portion d'hommes soumis à leurs loix ; mais qu'est-elle cette puissance toujours passagère & bornée, si nous la comparons à ce pouvoir si noble & si auguste qu'exercent les Élus de Dieu dans ce grand jour, qui remet entre leurs mains, & pour jamais, le sort du monde ! O Riches, s'il est possible que vous soyez encore tentés de mépriser ces Pauvres volontaires, rappellez-vous qu'ils seront un jour vos protecteurs & vos juges, & que s'ils ne vous ouvrent pas l'entrée des Tabernacles éternels, ils vous la fermeront pour toujours ! Quel que soit le prix si glorieux destiné à la pauvreté

F

volontaire, il eſt d'autres récompenſes affectées à d'autres vertus auſſi chères à Dieu, & dont la pratique eſt encore plus pénible. Le Sage nous dit que celui qui aime la pureté du cœur, aura le Roi du Ciel pour ami [m] : de-là, ces faveurs ſingulières réſervées aux Vierges qui ſuivent l'Agneau par-tout où il va [n]; ce troupeau choiſi chante un Cantique, qui ne peut être dit que par lui ſeul [o]; la lumière qui l'environne eſt plus vive, la joie qu'il éprouve eſt plus pure; tous les Saints compoſent le Royaume de Dieu, les Vierges forment ſon cortége & embelliſſent ſa Cour; & ſi les Sectateurs de ſa pauvreté ſont les Aſſeſſeurs dans ſon jugement, les

---

[m] Qui diligit cordis munditiam habebit amicum Regem. *Prov. XXII*, ℣. 11.

[n] Hi ſequuntur Agnum quòcumque ierit. *Apoc. XIV*, ℣. 4.

[o] Et cantabunt quaſi canticum novum.... & nemo poterat dicere canticum. *Apoc. XIV*, ℣. 3.

imitateurs de sa pureté sont ses favoris dans sa gloire.

Celui qui s'abaisse sera élevé, dit le Sauveur du monde [p] : cette promesse regarde principalement l'obéissance Religieuse; car le véritable abaissement, celui qui mérite ce nom par excellence, c'est l'assujetissement de sa volonté propre à la volonté d'autrui; c'est sur-tout l'obéissance qu'on jure à Dieu au pied de ses Autels. Infinie, elle ne connoît aucunes bornes dans la sphère illimitée des choses qui ne sont point défendues par la Loi de Dieu : perpétuelle, elle dure autant que la vie : continuelle, elle domine sur tous les instants qu'elle tient enchaînés sous sa Loi : universelle, c'est elle qui prescrit & qui régle tout; l'action & l'oraison, la nouriture & l'abstinence, le travail & le repos : toute autre servitude

---

[p] Qui se humiliat exaltabitur. *Luc.* XVIII, ℣. 14.

n'est qu'une ombre légère de la servitude religieuse; ici nulle trace de liberté; ce sentiment si cher à l'homme, n'existe plus même par le désir.

C'est dans cet état si relevé aux yeux de Dieu, mais si révoltant pour la nature, & si humiliant pour l'orgueil, que nous voyons LOUISE DE FRANCE. Un saint Prophète ne pouvoit contempler, sans la plus vive douleur, Jérusalem, Cité autrefois si florissante, changée en un vaste tombeau [q]. Il demandoit au Ciel que ses yeux devinssent deux sources de larmes, pour pleurer la nuit & le jour, la Maîtresse des Nations, gémissante dans la honte & dans les fers [r]. Un spectacle aussi touchant se présente aujourd'hui à

---

[q] Quomodò sedet sola Civitas plena Populo ? Facta est quasi vidua domina Gentium. *Jérem. Lament. I*, ℣. 1.

[r] Quis dabit capiti meo aquam, & oculis meis fontem lacrymarum ? & plorabo die ac nocte. *Jérem. IX*, ℣. 1.

vos regards. Qui pourroit voir, sans en être attendri, la Fille des Rois, née dans la Pourpre, élevée à l'ombre du Trône, s'ensevelir dans un humble réduit, pour y cacher, sous le sac & la cendre, tant de pompe & de grandeur [s]! En vain chercherions-nous autour d'elle, ces Courtisans flatteurs, dont la voix enchanteresse enivre les Grands de la terre. Plus d'hommages, plus d'encens : la Mort, le Jugement, l'Éternité, vérités terribles ! occuperont désormais toutes ses pensées, & seront les seules compagnes de sa solitude. Des jours écoulés jusqu'alors dans l'abondance & les délices, vont être consacrés à des austérités souvent inconnues à la plus affreuse indigence. Celle qui n'étoit soumise qu'à l'empire d'un Père, & quel Père ! obéit à des loix sévères qui dominent tous les senti-

---

[s] Princeps Provinciarum facta est sub tributo. Jérem. Lament. I, ℣. 1.

ments de son ame en enchaînant son esprit & son cœur. Des efforts si pénibles à la nature ne sont pas des épreuves de quelques mois, de quelques années; non, la Victime est attachée à la Croix pour toujours, & son sang coulera encore à son dernier soupir.

Un si grand sacrifice excite en vous, MES FRERES, les mouvements les plus tendres. Eh! comment pourrions-nous condamner vos larmes, puisque nous-mêmes, Ministres des Autels, qui ne devons connoître, ô mon Dieu! d'autres intérêts que les vôtres, nous avons besoin d'appeller la foi la plus vive, pour servir d'appui à notre foiblesse : elle éclateroit bientôt, si nous oublions un instant que nous ne pourrions, sans avilir le Ministère saint qui nous est confié, arroser de nos pleurs le triomphe de la Religion. Pleins de l'esprit qui animoit autrefois tant de Héros de la Loi ancienne & nouvelle, osons envisager ce grand spectacle du même œil dont la Mère des Machabées voyoit ses généreux Fils tomber, tour-à-tour, sous le glaive des bourreaux [c]; ou, s'il nous est impossible d'élever jusques-là notre courage, pour adoucir notre douleur, sortons des bornes étroites du Monde, & ne voyons que l'Éternité. Tout nous ramène, malgré nous, à cette pensée salutaire & terrible, & le lieu où je vous parle la réveillera plus puissamment que tout autre, si vous tournez vos regards vers cet ancien Temple, superbe Monument du néant des Grandeurs humaines. Je sais, MA CHÈRE SŒUR, je sais que, prête à vous immoler à votre Dieu, déja toute pénétrée de sa

---

[c] Supra modum autem Mater mirabilis & bonorum memoriâ digna, quæ pereuntes septem Filios, sub unius diei tempore conspiciens, bono animo ferebat, propter spem quam in Deum habebat. *II. Mach. VII*, ℣. 20.

grace, & de la force qu'elle inspire, vous frémissiez à la seule pensée de vous arracher pour toujours des bras d'un Père si cher à votre tendresse ; vous avez voulu que votre retraite vous laissât l'heureuse occasion de jouir quelquefois de la vue de ce Père si digne d'être aimé. Ah ! n'en doutez point, ces sentiments si légitimes & si tendres, c'est la grace d'un Dieu qui les excitoit en vous; ce Dieu de bonté qui vous avoit déja choisie pour être sa plus auguste victime, a consommé sur vous ses miséricordes, en vous désignant encore le desert où vous deviez dresser l'Autel de votre sacrifice. Quel autre lieu pouvoit vous attester, d'une manière aussi sensible, l'illusion & la vanité de ce monde dont vous vous êtes exilée pour toujours ! Quoi de plus propre à soutenir votre foi, que de vous transporter dans ces demeures souterreines, où tant
de

de Rois, jadis si puissants & si redoutés, ne sont plus qu'un vain amas de cendre & de poussière ! Une voix plus éloquente que la nôtre, sort du fond de leurs Tombeaux, & vous dit que cette gloire mondaine, dont l'éclat nous éblouit, n'est qu'une lueur trompeuse que le souffle de la mort fait bientôt évanouir. Pénétrée de ces vérités saintes, que votre ame s'élancera avec joie vers les régions célestes, pour y voir ce Trône de gloire où Jésus-Christ est monté par la Croix, & qu'il veut partager avec les généreux Imitateurs de ses vertus & de ses souffrances[u] : élevé au-dessus des étoiles, ce Trône sublime est à l'abri des tempêtes & des orages, & ses fondements posés sur la Montagne sainte, en ont l'éter-

---

[u] Qui vicerit, dabo ei sedere in Throno meo : sicut & ego vici & sedi cum Patre meo in throno ejus. *Apocal. III. ℣. 21.*

G

nelle immobilité ˣ. C'est-là, MA CHÉRE SŒUR, le terme glorieux où vous aspirez par la plus noble & la plus solide des ambitions ; c'est-là que vous parviendrez, en oubliant le Monde, en vous oubliant vous-même, & en marchant sur les traces d'un Dieu humilié & anéanti ; c'est-là que vous voyant plus élevée au-dessus de la grandeur que vous avez quittée, que cette grandeur n'est au-dessus de l'état humble que vous avez choisi, vous vous écrierez dans un saint transport avec David : Que d'honneurs, ô mon Dieu, votre main libérale répand sur vos amis ʸ !

Bienheureux les Chrétiens qui verront un si magnifique spectacle ; & pourquoi désespérer d'avoir part à ce bonheur ? S'il est difficile de faire son salut dans le

ˣ Fundamenta ejus in montibus sanctis. *Ps.* LXXXVI, ℣. 1.

ʸ Nimis honorificati sunt amici tui, Deus. *Ps.* CXXXVIII, ℣. 17.

monde, rien n'est impossible à Dieu ; sa Grace, implorée par nos larmes, peut renverser tous les obstacles ; songeons que, dans cette foule de Princes & de Princesses dont la gloire est ensevelie dans les ombres du tombeau, il en est dont le monde a reconnu & respecté la solide piété : il en est que nos yeux ont vu & qu'ils pleurent encore : il en est un que sa sainteté, aussi éminente que celle des Martyrs & des plus saints Solitaires, a fait passer du Trône sur les Autels [z]. On peut donc se sanctifier dans le monde, c'est ce que vous dit l'exemple d'un saint Roi : il est toujours plus sûr d'en sortir, c'est ce que vous dit l'exemple de LOUISE DE FRANCE ; mais, s'il n'est pas donné à tous de le quitter entièrement, apprenons du moins à nous en défier ; &, autant qu'il est possible, à nous tenir

---

[z] Saint LOUIS.

éloignés de ses écueils. C'est par une vigilance continuelle, que nous pourrons parvenir à l'éternelle félicité que je vous souhaite. *Au nom du Père, &c.*

APPROBATION.

J'AI LU, par ordre de Monseigneur le Chancelier, un Manuscrit qui a pour titre : *Discours prononcé, par M. l'Evêque de Senlis, pour la Cérémonie de la prise du Voile de Profession de Madame* LOUISE-MARIE DE FRANCE. Ce Discours m'a paru présenter, avec autant d'éloquence que de vérité, les grandes difficultés que l'on est obligé de surmonter dans la Consécration religieuse ; il ne peut que faire admirer de plus en plus le courage héroïque d'une Auguste Princesse, dont l'étonnant Sacrifice fait la joie de l'Eglise, & la gloire de la Religion : A Paris, le 13 Octobre 1771.

Signé, RIBALLIER,
Docteur de la Maison & Société de Sorbonne,
Syndic de la Faculté de Théologie.

*On trouve chez le même Libraire, l'*Oraison Funébre de MARIE-AMÉLIE DE SAXE, Reine d'Espagne, prononcée par le même Prélat en l'Eglise de Paris, le 9 Juillet 1761, *in*-4°.　　　　　　　　　1 liv. 4 s.

www.ingramcontent.com/pod-product-compliance
Lightning Source LLC
LaVergne TN
LVHW051456090426
835512LV00010B/2182